Liane Spindler

Glückwünsche und Sprüche für verschiedene Anlässe

Bibliografische Information der Deutschen Nationalbibliothek:
Die Deutsche Nationalbibliothek verzeichnet diese Publikation in der Deutschen
Nationalbibliografie; detaillierte bibliografische Daten sind im Internet
über www.dnb.de abrufbar.

Deutsche Erstausgabe

© Februar 2017 Liane Spindler

Herstellung und Verlag:

BoD – Books on Demand, Norderstedt

ISBN: 9783743173460

Glückwünsche und Sprüche ...

... zur Aufmunterung   S. 07

... für Danksagungen   S. 12

... für Familiengeburtstage S. 18

... zu Halloween   S. 25

... zum Kindertag   S. 32

... zum Lottogewinn   S. 38

... für sportliche Erfolge   S. 45

... fürs Studium   S. 51

... zur Taufe   S. 56

... zur Verlobung   S. 63

Glückwünsche und Sprüche zur Aufmunterung

Habe Vertrauen in das Leben,
es will dir immer Gutes geben,
will deine Träume dir erfüllen
und dich mit Schönem stets umhüllen.
Und kannst du es einmal nicht sehen,
wirst du vor einer Wolke stehen,
dann hebe die Hand und schiebe sie fort,
schon ist die Sonne wieder dort.

Hat es heut' auch nicht geklappt,
bleib einfach weiter dran.
Habe Geduld und glaube an dich,
weil es morgen klappen kann.

Erscheint der Himmel dir auch grau,
ist er darunter doch stets blau,
drum lass die Wolken sich ausweinen,
dann kann die Sonne wieder scheinen.

Bist du auch traurig, glaube mir,
das Glück ist bald wieder bei dir,
dann wirst du tanzen, lachen, singen
und fröhlich über Wiesen springen.

Läuft es auch nicht immer glatt,
so geht es doch stets voran,
doch manchmal braucht es den Stillstand,
damit man es sehen kann.

Der helle Sonnenschein
kehrt wieder bei dir ein,
dann wirst du lachen und bist froh
und glücklich bist du sowieso.

Siehst du auch heute schwarz,
glaub mir, die Welt ist bunt.
Hast du etwas Geduld,
läuft es bald schon wieder rund.

Alles ist gut,
alles ist schön.
Schau genau hin,
dann kannst du es sehen.

Kannst du heute auch nicht lachen,
so kannst du trotzdem Schönes machen.
Geh spazieren, leg dich ins Bett,
Musik hören ist auch ganz nett.

Mach's dir gemütlich, lies ein Buch,
lade dir ein lieben Besuch.
Und singst du auch noch schöne Lieder,
kommt dein Lachen bald schon wieder.

Glück ist stets an deiner Seite,
kannst du es auch nicht sehen.
Habe Vertrauen in das Licht
und lass die Wolken gehen.

*Die Traurigkeit gehört zu uns
wie auch der Sonnenschein.
Lässt du sie zu und nimmst sie an,
wirst du stets glücklich sein.*

*Möge ein Lied dich täglich begleiten,
möge das Licht dich immer leiten,
mögen die Vögel für dich singen,
möge dein Herz vor Liebe erklingen.*

*Möge das Wasser für dich sprudeln,
mögest du tanzend durchs Leben trudeln,
möge das Glück in dir erwachen,
mögest du immer fröhlich lachen.*

Glückwünsche und Sprüche für Danksagungen

Immer bist du für mich da.

Hab ich Erfolg, rufst du: „Hurra!"

Hab ich mal Sorgen, weißt du Rat.

Auch in der Nacht stehst du parat.

Will ich mal lachen, erzählst du Witze.

Möcht' ich ins Kino, buchst du Sitze.

Und brauch ich eine warme Hand,

reichst du mir deinen Arm galant.

Du bist schon immer so gewesen,

hast ein unendlich tolles Wesen.

Ich dank dir für dein ganzes Sein.

Mit dir fühl' ich mich nie allein.

Danke für deinen tollen Rat,
er hat mir viel gebracht,
so dass mein Herz im Inneren
vor Freude wieder lacht.

Jederzeit,
wenn ich mich freu',
denk ich an dich,
denn du bist mir treu.
Stehst immer zu mir,
willst mich nicht entbehr'n,
ich dank dir von Herzen.
Ich hab dich so gern.

Als ich dich am meisten brauchte,
da warst du für mich da.
Dafür will ich dir Danke sagen,
das war ganz wunderbar.

Herzlichen Dank für deine Hilfe
und deinen guten Rat,
und wenn du mich mal brauchst,
schreite ich sofort zur Tat.

Immer bist du für mich da
und hast ein Ohr für mich.
Das ist wirklich sehr toll von dir,
ich danke dir herzlich.

Gedanken gleiten durch die Luft.
Hörst du mein Herz, das nach dir ruft?
Es dankt dir auch in weiter Ferne
und hat dich so unendlich gerne.

❀

Vielen lieben Dank,
du hast viel für uns getan.
Können wir dir auch mal helfen,
so ruf uns einfach an.

❀

Vielen Dank für Ihre Hilfe,
sie gab mir neue Kraft.
So ging ich mutig meinen Weg
und hab's ins Ziel geschafft.

*Du hast mir sehr geholfen
und viel für mich getan.
Ich möchte dir dafür danken,
so doll wie ich nur kann.*

---

*Als Freunde gehen wir durch Dick und Dünn.
Wir weinen und wir lachen.
Danke für die tolle Zeit,
in der wir so viel machen.*

Wie Wasser, das im Bache fließt,
wie Regen, der die Blumen gießt,
wie Wind, der Blätter bringt zum Fliegen,
konnt' ich von dir stets Liebe kriegen.

Wie Fische, die im Bache lachen,
wie Blumen, die zur Pracht erwachen,
wie Blätter, die durch Lüfte schweben,
kam ich durch dich erst ganz zum Leben.

So danke ich dir für jeden Rat
und jede noch so gute Tat.
Es ist auch schön mit dir zu scherzen.
Ich liebe dich wirklich von Herzen.

Glückwünsche und Sprüche für Familiengeburtstage

Meine liebste Schwester,

hab einen schönen Tag!

Ich wünsche dir alles Liebe,

weil ich dich so sehr mag.

Als Schwester bist du einfach spitze,

bist großartig und toll.

Ich gratuliere dir von Herzen,

du bist ganz wundervoll.

Mein liebstes Brüderlein,
bist du auch noch so klein,
hab ich dich doch unendlich gern,
du bist für mich ein heller Stern.

Zum Geburtstag wünsche ich dir,
mein liebstes Brüderlein,
einen wunderschönen Tag
mit ganz viel Sonnenschein.

Du, Oma, bist die Beste.
Ich gratuliere dir
und wünsche dir zum Feste
noch ganz viel Zeit mit mir.

*Liebe Oma, zum Geburtstag
wünsche ich dir ganz viel Feuer,
denn du bist noch so jung und fit,
bereit fürs Abenteuer.*

*So geh zum Tanz,
schwimme weit hinaus,
steige auf den Berg,
bemale das Haus.*

*Ja, wie du daran sehen kannst,
gibt es Möglichkeiten viele.
Darum wünsche ich dir zum Ehrentag
noch viele weitere Ziele.*

Liebe Mutter, lass dich grüßen,
lass den Geburtstag dir versüßen,
mit unseren leckeren Naschereien,
die schmecken dir bestimmt ganz fein.

Heute heben wir die Gläschen,
heute singen wir im Chor,
heute feiern wir dich, Mama,
und heben dich empor.

Wir schauen auf die Jahre
mit dir sehr gern zurück.
Wir wünschen dir das Beste,
Gesundheit und viel Glück.

Heute soll die Party steigen,
für dich, liebstes Papilein.
Heute singen wir einen Liederreigen
und du stimmst hoffentlich mit ein.

Mein liebster Papa, ich gratuliere
zu deinem Ehrentage.
Ich wünsche dir alles Liebe
und glaube mir, wenn ich sage:
Du bist für mich der Beste.
Ich bin froh, dass du bist mein.
Ich will noch viele Jahre
mit dir zusammen sein.

Opa, du bist jung und fit,
du hältst mit uns noch locker mit,
tanzt fliegend mit uns durch den Raum,
dein Alter, ja, das glaubt man kaum.

Für uns kann das so weitergehen,
wir wollen dich ewig glücklich sehen.
Wir wünschen dir für alle Zeit,
dass du stets strotzt vor Gesundheit.

*Opa, all die Jahre
bist du schon für uns da.
Du stehst uns stets zur Seite
und bist ganz wunderbar,
hast immer einen Rat,
doch kannst auch Faxen machen,
sind wir mit dir zusammen,
gibt's immer was zu lachen.
Wir wollen dir heute danken
und dich zum Festtag ehren.
Mögen sich die schönen Tage
mit dir stets vermehren.*

Glückwünsche und Sprüche zu Halloween

Blutige Rosen und ein schwarzes Gesicht,

flüsternde Stimmen, doch du siehst sie nicht,

fliegende Hexen und ein schreiender Geist,

krabbelnde Spinnen, von denen du nicht weißt.

Ein flackernder Kürbis, ein kleiner Vampir

und ein Monsterkind steht hinter dir.

Eine spukende Eule, die lauthals lacht.

Viel Spaß wünsch' ich dir,

in der Halloweennacht!

Ein Geisterschloss mit Spinnenweben
möge dich heute Nacht umgeben,
und eine Fledermaus im Gras
sorgt für echten Gruselspaß.

Hat ein Monster dich gepackt,
hat hinter dir ein Ast geknackt,
hat die Maus lange, spitze Zähne,
liegen vor dir Sägespäne.
Hörst du lautes Werwolfsjaulen,
riechst du Zombies, die verfaulen,
lacht hinter dir Graf Dracula
ist Halloween bestimmt ganz nah.

Ein kleiner Geist ruft dich
zur gruseligsten Stunde.
Mit seinen Geisterfreunden
macht er heut' Nacht die Runde.
Will er dich nur erschrecken,
ruft er: Buhu, buhu.
Doch will er dich verjagen,
lauf lieber weg im Nu.

Tomatensaft, Gespensterblut,
Kinder seid heut' auf der Hut.
Zu Halloween die Geister kommen,
schnell haben sie euch etwas weggenommen.

*Eine kleine Fledermaus
sitzt in deinem Rücken,
beißt dir in den Nacken,
spürst du schon das Zwicken?
Sie küsst dich in der Gruselnacht,
sei lieber auf der Hut,
doch keine Angst am Morgen schon
ist alles wieder gut.*

*Gruselspaß zur Geisterstunde
wünsche ich dir an Halloween.
Finde viel Süßes und bedenke,
nur vor dem Sauren musst du fliehen.*

*Leuchtende Hexen
mit wackelndem Kopf,
statt Süßigkeiten
nur Saures im Topf,*

*Schreckensgespenster
zur nullten Stunde,
einen singenden Kürbis
der dreht eine Runde,*

*Wege, die du kannst nur scheinbar sehen,
Uhren, die ihre Zeiger schnell drehen,
einen Baum, der dumpfe Geräusche macht,
all das wünsche ich dir in der Halloweennacht!*

Ein Geist ruft dich zu Halloween,
denn er will mit dir tanzen,
doch guckst du weg und siehst nicht hin,
tanzt er mit lauter Wanzen.

Monster in der Innenstadt,
leuchtend rotes Blut,
gruselige Hexenfeen,
mit Spinnen auf dem Hut.

Sie wollen an deine Taschen ran
und dich mit Garn umweben.
Willst du sie schnell verscheuchen,
musst du ihnen Saures geben.

Im Gras sitzt eine Fledermaus
und sieht, oh Graus, ganz schrecklich aus.
Sie schreit und quiekt und spuckt und lacht,
weil sie das wirklich gerne macht.

Sieh die Eule auf dem Baum,
sie führt dich in den Gruselraum,
sie lockt den kleinen Geist zu dir,
viel Spaß wünsche ich dir heute hier!

Glückwünsche und Sprüche zum Kindertag

Du bist ein wundervolles Kind,

erfüllst mein Herz mit Stolz,

du bist ein eigenes Wesen

doch aus demselben Holz.

Ich liebe es, dir zuzusehen,

wie du die Welt entdeckst.

Ich liebe deine Späße,

die du ganz gernausheckst.

Und heute zu deinem Ehrentag,

sollst du Tolles erleben.

Mögen Lachen und viel Spaß

dich heute nur umgeben.

*Heute ist Badewetter,
heute scheint die Sonne schön,
drum wollen wir zum Kindertag
mit dir ins Freibad gehen.*

*Zum Kindertag wünsche ich dir Spaß.
Gib heute einmal richtig Gas.
Tobe dich auf der Hüpfburg aus
und lass das Kind in dir heraus.*

*Der Kindertag ist ein Tag für dich,
da feiern wir dich königlich.
Wir spielen mit dir die ganze Zeit.
Bist du für großen Spaß bereit?*

Magst du Action, willst du Fun?
Komm mit uns auf die Achterbahn.
Komm danach mit aufs Karussell,
da drehen wir uns superschnell.
Beim Autoscooter lass es krachen,
ein Clown bringt uns danach zum Lachen,
und sind wir dann im Streichelzoo,
sind wir alle tierisch froh.

Zum Kindertag gibt es Geschenke,
weil ich gerne an dich denke.
Ich bin froh, dass es dich gibt.
Du bist ein Kind, das man gern liebt.

Heute bist du der Größte
und weil ich dich so mag,
wünsche ich dir Spaß und Freude
am schönen Kindertag.

Mein kleiner Sonnenschein,
dein Herz, das ist so rein.
Es strahlt und wärmt mich jeden Tag,
das ist, was ich an dir so mag.

Doch lieben tu ich dich auch so,
dass es dich gibt, macht mich sehr froh.
Du bringst viel Freude in mein Leben,
so möge auch dich stets Glück umgeben.

Ich liebe dich, mein kleiner Schatz.
Ich liebe dich ganz doll.
Ich wünsche dir einen tollen Tag,
denn du bist wundervoll.

Mein Kind, du bist mein Sonnenschein,
du bist so wunderbar.
Ich liebe es, dir zuzusehen,
Jahr für Jahr für Jahr.

Du bist unser kleiner Schatz,
bekommst von uns einen dicken Schmatz,
und mit leckeren Erdbeergrüßen
wollen wir dir deinen Tag versüßen.

Heute darfst du dir etwas wünschen
und spielen, was dir gefällt.
Du darfst den Tag ganz frei gestalten,
uns führen in deine Welt.

Du kannst mit uns ins Kino gehen,
darfst tanzen, singen, lachen.
Wir können auch auf den Spielplatz gehen
oder nur Faxen machen.

Glückwünsche und Sprüche zum Lottogewinn

Beim Lotto ist es wie überall,

mal klappt es und mal klappt es nicht,

doch hast du die Zahlen richtig getippt,

strahlst du wie Sternenlicht.

Jetzt bist du reich,

fast wie ein Scheich,

schwimmst im Geldteich,

schläfst superweich,

hast Geld als einen Freund bei dir,

da freut sich alles tief in mir.

Der Lottogewinn kam wie gerufen,
er hat dir Geld gebracht.
Jetzt kannst du tun, was dir gefällt,
und auch dein Konto lacht.

Lotto ist ein Glücksspiel,
das weiß wohl jedes Kind,
doch hat man einmal richtig Glück,
kommt Geld ins Haus geschwind.

Ich wäre gern wie du,
ein Lottomillionär.
Hätte ich den Pott geknackt,
ich gäb' ihn nie mehr her.

Lottospielen macht Spaß.
Es ist wie beim Roulette.
Gewinnt man auch nicht immer,
so ist es doch ganz nett.

Geld hast du dir gewünscht,
nun hast du es erhalten.
Jetzt musst du nur noch lernen,
es auch gut zu verwalten.

Ich gratuliere dir zum Gewinn
und wünsche dir Freude daran.
Für mich bist du nun der Beweis,
dass man auch beim Lotto Glück haben kann.

Hast du auch lang gespielt,
so hat es sich doch gelohnt,
weil von nun an Lottogeld
auf deinem Konto wohnt.

Einmal im Leben den Jackpot knacken,
das wäre wirklich toll.
Ich könnte mir alle Wünsche erfüllen
und mein Konto, das wäre voll.
Doch heute hast du gewonnen,
das Glück hat dich geküsst.
Ich wünsche dir von Herzen,
dass du nun nichts mehr misst.

Jeder spielt es, keiner glaubt es,
doch nun ist es geschehen.
Den Jackpot hast du heimgeholt
und jeder kann es sehen.

Drum feiern wir 'ne Party
und freuen uns mit dir,
um dir zu gratulieren,
sind wir heut' alle hier.

Juhu, du hast gewonnen!
Dein Konto ist nun voll.
Wir gratulieren von Herzen.
Das ist wirklich ganz toll.

Das Lottospiel hat dir stets Freude gemacht,
deine Lottozahlen haben dir Glück gebracht,
beim Lottogewinn hat dein Herz gelacht
und der Millionär in dir ist nun erwacht.

Beim Lottospiel hattest du Glück,
bekamst vom Kuchen ab ein Stück.
Drum freue dich an dem schönen Geld,
wenn es dir in die Hände fällt.

Den Jackpot zu knacken, das war dein Traum,
und nun hast du gewonnen.
Jetzt kannst du deine Wünsche leben
und dich im Süden sonnen.

Lotto ist ein Abenteuer,
es lodert in dir wie ein Feuer.
Du spürst deutlich das Glück auf Erden,
wenn die Zahlen gezogen werden.

Du guckst kurz hin,
guckst wieder weg.
Ist eine deine,
kriegst du 'nen Schreck.

Doch sind mal alle Zahlen richtig,
ist plötzlich nichts anderes mehr wichtig.
Dann kannst du feiern und laut singen,
bis sie dir den Jackpot bringen.

Glückwünsche und Sprüche für sportliche Erfolge

Du hast heut' gewonnen,

wir gratulieren dir sehr.

Wir wünschen dir von Herzen

noch viele Siege mehr.

Auf der Treppe stehst du oben,

lässt dich von uns allen loben,

trägst die Medaille auf der Brust

und hast schon wieder Siegeslust,

liebst deinen Sport zu jeder Stunde,

gibst immer alles, in jeder Runde.

Dir macht gewinnen wirklich Spaß,

so gib auch weiterhin Vollgas.

Pokalsieger in diesem Jahr,
seid ihr, das ist so wunderbar.
Wir freuen uns und jubeln laut,
weil's schön ist, wenn ihr glücklich schaut.

Wir tanzen und wir singen,
wir jubeln und wir springen,
wir heben euch mit unseren Händen,
der Siegeszug soll niemals enden.

Zum Aufstieg gratulieren wir.
Echte Gewinner, das seid ihr.
Habt viel Spaß auch weiterhin,
dann sind noch mehr Erfolge drin.

Ihr seid ein wahres Siegerteam,
könnt euch im Ruhm nun sonnen.
Wir gratulieren euch zum Erfolg,
ihr habt verdient gewonnen!

Im Sport seid ihr die Besten.
Ihr seid die Nummer Eins!
Gewonnen habt ihr jedes Spiel,
verloren habt ihr keins.
Drum lasst euch heute feiern.
Hebt hoch den Siegpokal.
Gewinnt ihr auch das nächste Spiel,
dann feiern wir nochmal.

Ist es auch nicht der erste Platz,
so hast du doch gewonnen.
Du konntest leben deinen Traum
und er ist nicht zerronnen.
Ein Teilstück hast du schon geschafft,
beim nächsten Mal wird's mehr.
Drum hab auch Spaß am Weg zum Ziel,
dann lachst du hinterher.

Wir gratulieren dir zum Erfolg.
Du hast alles gegeben.
Und die tolle Erinnerung,
die bleibt dir nun fürs Leben.

Als Sportler geboren,
den Sieg in der Hand,
erfreust durch dein Auftreten
ein ganzes Land.

Das Siegertreppchen wartet schon,
nach deinem tollen Lauf.
Drum lass dich heute ehren
und steig ganz schnell hinauf.

Ihr seid Champions, wahre Sieger,

auf dem Platz seid ihr wie Krieger.

Kein Hindernis ist euch zu groß.

Erfolg, der fällt euch in den Schoß.

Mit Spaß und Freude spielt ihr täglich,

wenn ihr mal scheitert, niemals kläglich.

Stattdessen packt euch neue Kraft

und ihr gewinnt die Meisterschaft.

Glückwünsche und Sprüche fürs Studium

Hab als Student ein schönes Leben,

denn die Zeit kann dir Vieles geben.

Neue Freunde, neue Hobbys,

Entspannung in den Uni-Lobbys.

Abenteuer, weite Reisen,

Gedanken, die ums Lernen kreisen.

Viele Bücher, Professoren,

vom Vielgehörten rote Ohren.

Doch auch Spaß und Unibälle.

Mal Essen aus der Suppenkelle.

Ja, der Erfahrungen wirklich viele

erhältst du auf dem Weg zum Ziele.

So lass dich freudig darauf ein,

dann wird die Zeit 'ne tolle sein.

Den Studienplatz hast du bekommen,
nun hab eine tolle Zeit.
Und lernst du immer fleißig,
ist auch der Abschluss nicht mehr weit.

Das Studium soll dir Freude schenken,
musst du auch mal den Kopf verrenken.
Lass Wissen sanft in dir erklingen,
dann wird die Zeit dir Vieles bringen.

Genieße das Studentenleben.
Lern' viel, doch geh auch aus
und trage all dein Wissen
mal in die Welt hinaus.

Und war es auch nicht immer leicht,
so hast du doch dein Ziel erreicht.
Du hast dein Studium abgeschlossen,
wirst nun mit Freude übergossen.

Das Studium war eine schöne Zeit,
den Abschluss hast du nun.
Wir wünschen dir auch weiter Spaß,
bei dem, was du wirst tun.

Wir gratulieren zum Abschluss,
das Studium ist geschafft.
Wir wünschen auch fürs nächste Ziel
viel Freude und viel Kraft.

Die Hochschule, die ist nun aus.
Entspanne dich und geh hinaus.
Jetzt kannst du Wissen weitergeben.
Viel Spaß in deinem neuen Leben.

Jetzt bist du kein Student mehr.
Die Uni ist vorbei.
Jetzt kannst du neue Träume leben,
denn du bist vogelfrei.

Das Studium hast du erfolgreich geschafft,
so steht es auf dem Papier.
Drum senden wir herzliche Glückwünsche
und gratulieren dir.

Du hast alle Prüfungen bestanden,
gehörst nun zu den Doktoranden,
und machst du weiter wie bisher,
erreichst du sicher noch viel mehr.

Lang hast du über Büchern gehangen.
Inzwischen sind viele Jahre vergangen.
Doch all das Lernen hat sich gelohnt,
weil bei dir zu Haus nun ein Doktor wohnt.

Glückwünsche und Sprüche zur Taufe

Dein Schutzengel steht schon bereit,

umgibt dein ganzes Sein,

hat Wasser für dich hingestellt,

das wäscht dich heute rein.

Er heißt bei Gott willkommen dich,

singt mit uns frohe Lieder.

Er tanzt mit uns und lacht und strahlt,

springt freudig auf und nieder.

So lass es uns ihm gleichtun,

lass die Taufe uns begießen.

Möge Glück auf deinem Weg

in jeder Ecke sprießen.

Der Glaube sei mit dir
an jedem Tag.
Fühl' jederzeit,
dass Gott dich mag.
Lass dich durch ihn führen
und von ihm leiten,
so wirst du sicher
durchs Leben gleiten.

Mein Taufkind klein,
du bist so rein,
mögest du stets
wohl behütet sein.

Die Taufe ist ein schönes Fest,
zu dem Gott uns alle grüßen lässt.
Er heißt willkommen das jüngste Kind,
damit wir mit ihm zusammen sind.

Wir wollen dich behüten
und begleiten jeden Tag.
Ist dir etwas unklar,
hab keine Scheu und frag.
Denn wir sind deine Paten
und immer da für dich.
Wir begleiten dich auch heute,
zur Taufe, feierlich.

Liebes kleines Patenkind,
wir gratulieren von Herzen.
Wir feiern deine Taufe,
entzünden weiße Kerzen.
Wir wollen dich begleiten,
wie Gott, zu jeder Zeit.
Wir helfen dir im Leben
und stehen dir stets zur Seit'.

Heute beginnt dein Weg mit Gott,
lass dich freudig darauf ein.
Gott wird dich treu begleiten
und immer bei dir sein.

Möge Gott jeden Tag über dich wachen.

Mögest du jeden Tag lächelnd erwachen.

Mögest du jeden Tag Tolles erleben.

Möge das Leben dir Freude geben.

Das Leben ist dein Freund,

Gott nimmt dich an die Hand.

Die Taufe ist die Feier,

die für euch knüpft ein Band.

Ein Band, das euch verbindet

und dich Gott spüren lässt.

Wir wünschen dir von Herzen

ein fröhliches Tauffest.

*Gottes Segen geleitet dich heute
zum heiligen Taufbecken,
und auch die Engel sind erfreut,
sie strahlen in allen Ecken.
So möge die Taufe ein schönes Fest sein,
dein göttliches Ritual.
Möge dein Glaubensweg fröhlich sein,
wir sind es heut' allemal.*

*Mein Taufkind, ich wünsch' dir von Herzen
ein fröhliches, buntes Fest.
Ich soll dir vom Schutzengel sagen,
dass er nun stets bei dir ist.*

*Die Wolken verziehen sich,
die Sonne erscheint,
denn du bist seit heute
mit Gott vereint.
Das freut uns
und auch die Engelein singen,
hör' wie im Himmel
die Glöckchen erklingen.*

Glückwünsche und Sprüche zur Verlobung

Dem verlobten, jungen Paar
wollen wir heut' gratulieren.
Und in ein paar Wochen schon
wollen wir die Hochzeit zelebrieren.

Das Glück in euren Augen
strahlt jeden Tag erneut.
Es kommt aus eurer Mitte,
wo sich das Herz erfreut.
Es ist die wahre Liebe,
das kann jeder gut sehen.
Drum möget ihr für immer
so zueinander stehen.

*Heute gibt es leckeren Kuchen
und Verlobungsringe,
dazu noch schöne Blumen,
die ich euch überbringe.
Wir alle freuen uns mit euch
und wünschen euch viel Glück,
dass ihr zwei Topf und Deckel seid,
sieht man auf einen Blick.*

*Die besten Wünsche zur Verlobung
schicken wir euch gern.
Wir hören schon die Hochzeitsglocken,
sie sind gar nicht mehr fern.*

*Zur Verlobung wünschen wir euch
viel Glück zu jeder Zeit.
Liebt ihr euch weiter so von Herzen,
ist auch die Hochzeit nicht mehr weit.*

*Gratulation dem jungen Paar,
heute werden eure Träume wahr.
Ihr zwei habt Ringe ausgetauscht,
es zur Verlobung aufgebauscht,
ein großes Fest daraus gemacht,
nun ist's mein Herz, das mit euch lacht.*

Verlobung feiern wir heute.
Gekommen sind alle Leute.
Und bald schon feiern wir Hochzeit,
was alle Leute erfreut.

Zwei Herzen haben sich vereint
und sich ganz frisch verlobt.
Das feiern wir heute und jubeln laut,
die ganze Halle tobt.

Blumen für die frisch Verlobten.
Ein Gläschen für die Gäste.
Wir gratulieren von Herzen euch
und wünschen nur das Beste!

*Die Verlobungsfeier von euch beiden
soll etwas ganz Besonderes sein.
Sie soll euch erinnern für alle Zeit,
dass ihr in Liebe verbunden seid.
Drum stoßen wir an
und entzünden die Kerzen
und wünschen euch
jederzeit glückliche Herzen.*

*Ist die Hochzeit auch noch fern,
die Verlobung ist schon da,
und dazu gratulieren wir euch
und rufen: Ja! Ja! Ja!*

Musik erklingt in unseren Herzen,
wenn wir euch beide sehen.
Ihr seht immer so glücklich aus,
da wollen wir niemals gehen.
Ihr strahlt so warm von innen,
habt Liebe stets im Blick.
Wir wünschen euch für euer Leben
das allergrößte Glück.

Bisher erschienen:

ISBN-13: 978-3735719638

Mit dem Buch
'Glückwünsche und Sprüche für feierliche Anlässe'
sind Sie bestens gewappnet für all die Feste,
die jedes Jahr aufs Neue anfallen.
Egal ob **Valentinstag, Ostern, Muttertag,
Vatertag, Hochzeit, Geburt, Geburtstag,
Einschulung, Weihnachten** oder **Neujahr** - für
jeden Anlass ist ein Spruch dabei, den Sie
mündlich vortragen oder in eine schöne
Grußkarte schreiben können.

ISBN: 978-3734775598

Gehen Sie zu einer Wohnungseinweihung, möchten Sie zum Schulabschluss gratulieren oder Ihrem Schatz zum Hochzeitstag eine Liebeserklärung ins Ohr flüstern?
Ob **Jugendweihe, Schulabschluss, Abschied, Führerschein, Umzug, Genesung, Hochzeitstag, Silberne und Goldene Hochzeit, Beruf** oder **Ruhestand** - mit dem Buch **'Glückwünsche und Sprüche für besondere Anlässe'** haben Sie für jedes Ereignis die passenden Worte.